te quiero
por todo eso

David Bedford & Ann James

Traducido por Miguel Azaola

Ediciones Ekaré

Te quiero...

por cómo
jugamos juntos,

porque sales de estampida,

porque vuelves
enseguida.

Te quiero por todo eso.

Te quiero...

porque sabes
compartir,

por ser mi mejor amigo,

por disfrazarte conmigo.

Te quiero por todo eso.

Te quiero...

por cómo dices las cosas,

por tus saltos y tus brincos,

por no parar de reírnos.

Te quiero por todo eso.

Te quiero...

por lo bien
que entiendes
todo,

por demostrármelo tanto,

por lo a gusto que ahora estamos.

Te quiero por todo eso.

Te quiero...

por saber cuidarme así,

por estar cerca de mí,

te quiero por todo eso.

Te quiero por todo eso.